Illustration : NaïLys Pollet

Edition : BoD - Books on Demand
12/14 rond-point des Champs Elysées
75008 Paris
Imprimé par BoD – Books on Demand, Norderstedt
ISBN : 978-2-322138821

Dépôt légal : Février 2017

TroGlück et VaLuck

*Conte philosophique inspiré des
Lettres persanes de Montesquieu.*

« Une des fonctions essentielles du conte est
d'imposer une trêve au combat des hommes. »

DANIEL PENNAC

⭐

« Conter son rêve, c'est être revenu à l'état de
veille. »

SÉNÈQUE

⭐

« La vie ressemble à un conte : ce qui importe, ce
n'est pas sa longueur, mais sa valeur. »

SÉNÈQUE

⭐

« Un conte sans moralité est comme une noix
vide qui ne vaut pas d'être cassée. »

J. H. EWING

⭐

Il y a fort longtemps, bien avant que Marseille soit cette grande ville que nous connaissons aujourd'hui, il existait un village qui s'appelait Château Gombert. Ce village se distinguait dans toute la cité phocéenne par une particularité : il possédait des grottes, les grottes Loubière.

C'est pour cela qu'on surnommait le village de Château Gombert « le village des Troglodytes ».

Néanmoins, quand on parlait du « village des Troglodytes », on avait l'impression qu'il y avait deux villages dans le village. En effet, la moitié des habitants vivait dans les grottes et l'autre moitié habitait dans la vallée.

Tant et si bien que les villageois s'étaient donnés eux aussi des surnoms. Les habitants des grottes étaient appelés les Troglois et ceux de la vallée, les Valois.

Quand les Troglois et les Valois se rencontraient, ils se disaient « bonjour » du bout des lèvres. Dès qu'ils avaient le dos tourné, ce n'était que médisances, railleries et moqueries. Si un Valois vendait de la marchandise à un Troglois, c'était toujours au prix le plus cher, et inversement.

Vous imaginez bien qu'Il était encore moins question qu'un Troglois épouse une Valoise, et inversement.

Cependant il y avait deux villageois qui n'avaient pas le même comportement que tous les autres. Il y avait TroGlück, un Troglois des grottes Loubière et ValLuck un Valois de la vallée de la Loubière et de la Baume.

Quand TroGlück et ValLuck se rencontraient sur les chemins des collines, ils se donnaient des nouvelles et s'échangeaient des astuces. Ils s'invitaient régulièrement à manger.

TroGlück et ValLuck se désolaient de l'attitude des autres villageois qu'ils trouvaient vraiment dommageable pour l'ensemble du village.

Une année, il a plu, tellement plu, que tous les champs ont été inondés de telle sorte qu'il n'y eut quasiment aucune récolte.

Les Valois mettant leur orgueil dans leurs poches, allèrent trouver les Troglois pour leur demander de l'aide.
Les Valois ont demandé aux Troglois de partager leur stock de nourriture qu'ils avaient conservé bien au frais dans leurs grottes.
Mais la réponse des Troglois était claire :
« Après toutes vos médisances, vos railleries et vos moqueries, vous voudriez qu'on vous aide : hors de question ! »
Cette fin de non-recevoir fut fatale aux Valois qui périrent presque tous affamés.
L'année suivante, il plut normalement et il y eut juste quelques récoltes, à peine suffisantes pour les Valois qui avaient survécu.
De leur côté, les Troglois avaient épuisé toutes leurs réserves ; les stocks des grottes étaient vides. Ils sont allés trouver les Valois pour leur acheter les fruits de leur récolte comme ils le faisaient habituellement.
Mais ce fut une fin de non-recevoir. Les Valois refusèrent de vendre leurs récoltes aux Troglois même au prix le plus cher :
« Vous avez refusé de nous aider l'an dernier ; tous nos voisins ont péri par votre faute. Pour la peine, nous refusons de vous vendre quoique ce soit ».

Les Troglois périrent affamés. Cette situation perdura, si bien qu'après quelques années, aucun villageois ne survécut.

Aucun ne survécut à l'exception de deux familles, celles de TroGlück et de ValLuck.

En effet, ne supportant plus toutes les médisances des autres villageois, TroGlück et ValLuck, avaient décidé de s'installer un peu à l'écart du village.
TroGlück avait emmené toutes ses provisions qu'il avait stockées dans les grottes et ValLuck avait emporté tous ses outils qu'il entretenait avec grand soin.

C'est bien simple, ValLuck entretenait si bien ses outils qu'on aurait cru qu'ils étaient neufs. Il emporta sa charrue, sa faux, sa faucille et ses outils pour battre le grain. Il emmena aussi son âne qu'il s'était refusé à vendre tant il lui avait rendu de services depuis des lustres.

TroGlück et ValLuck ont ainsi emménagé dans une partie reculée à l'extérieur du village avec femme et enfants.

Ils s'étaient réinstallés en s'aidant à construire leur maison respective. À l'extrémité des grottes, ils avaient creusé ensemble dans la roche pour se constituer un nouveau garde-manger qui était commun aux deux familles.

TroGlück et ValLuck s'entraidaient aussi pour le travail des champs. Ils labouraient et moissonnaient à quatre mains.

La femme de TroGlück adorait la philosophie, Socrate entre autres. Elle l'enseignait à ses enfants et à ceux de ValLuck.

La femme de ValLuck, quant à elle, avait pour passion les mathématiques et la géométrie. Elle les enseignait à ses enfants et à ceux de TroGlück.

Il faisait bon vivre au pays de TroGlück et de ValLuck.

Les enfants de TroGlück et de ValLuck eurent des enfants qui eurent d'autres enfants qui eurent d'autres enfants tant est si bien qu'on dut se réinstaller sur les anciennes terres du village des Troglodytes. Ces terres étaient devenues très fertiles ; elles étaient en jachère depuis des années !

Le nouveau village des Troglodytes était devenu une ville tant il y avait d'habitants.

TroGlück et ValLuck comprirent alors qu'il fallait désigner une personne pour coordonner toutes les activités de la ville des Troglodytes : coordonner le travail des champs, l'éducation des enfants, gérer les stocks de provisions...

À la fonction de coordinateur de la ville, ils donnèrent le nom de maire.

TroGlück et ValLuck furent maire chacun leur tour.

Puis la fonction de maire fut transmise de père en fils.

Cependant, on dit que dans un avenir proche, la fonction de maire sera transmise de père en fille...

On murmure également que dans un avenir un peu moins proche, elle serait transmise de mère en fille.

Mais s'il vous plaît, gardez le secret, car c'est une confidence que je tiens de deux marseillais du village de Château Gombert : TroGlück et ValLuck.

À destination des conteurs,

Conteuses, conteurs, si vous voulez conter l'histoire de TroGlück et ValLuck, vous trouverez ci-après une version adaptée au conte oral.

TroGlück et VaLuck
(Version conte oral)

Nous continuons notre travail sur la devise républicaine Liberté, Egalité, Fraternité.

Nous avons vu que la liberté, c'est le fait de faire tout ce que l'on veut du moment qu'on respecte la loi et les autres.

L'égalité, c'est le fait de se voir appliquer une même loi quand on se trouve dans une situation identique ou similaire.

Pour la fraternité, je vous propose de changer nos petites habitudes et d'étudier la notion de fraternité en vous racontant une histoire...

Il était une fois un village qu'on appelait le village des troglodytes.

On l'appelait le village des troglodytes parce que la moitié de ses habitants vivait dans des grottes. L'autre moitié des habitants habitait dans la vallée. Même si on parlait du village des troglodytes, on avait l'impression qu'il y avait deux villages dans le village. D'ailleurs, les villageois s'étaient donné des surnoms. Ceux qui habitaient les grottes dans des habitats troglodytes, on les appelait les Troglois et ceux qui habitaient dans la vallée, on les appelait les Valois.

Quand les Troglois et les Valois se rencontraient, ils se disaient bonjour du bout des lèvres. Dès qu'ils avaient le dos tourné, ce n'était que médisances, railleries et moqueries. Quand un Valois vendait de la marchandise à un Troglois, c'était au prix le plus cher, et inversement.

Il n'était pas question qu'un Troglois épouse une Valoise, et inversement.

Mais il y avait deux villageois qui n'avaient pas le même comportement que tous les autres. Il y avait Troglück, un Troglois et Valuck un Valois.

Quand Troglück et Valuck se rencontraient, ils se donnaient des nouvelles et s'échangeaient des astuces. Ils s'invitaient régulièrement à manger.

Troglück et Valuck se désolaient du comportement des autres villageois qu'ils trouvaient vraiment dommageable pour l'ensemble du village.

Une année, il a plu, tellement plu que tous les champs ont été inondés, de telle sorte qu'il n'y eut quasiment aucune récolte.

Les Valois ont mis leur orgueil dans leurs poches et sont allés trouver les Troglois pour leur demander de l'aide.

Les Valois ont demandé aux Troglois de partager leur stock de nourriture qu'ils avaient conservé bien au frais dans leurs grottes.

Les Troglois ont refusé d'aider : « après toutes vos médisances, vos railleries et vos moqueries, vous voudriez qu'on vous aide : hors de question ! »

Fin de non-recevoir pour les Valois qui périrent presque tous affamés.

L'année suivante, il plut normalement, et il y eut juste quelques récoltes, même pas suffisantes pour les quelques Valois qui avaient survécu.

Les Troglois qui avaient épuisé toutes leurs réserves sont allés trouver les Valois pour leur acheter quelques fruits de leur récolte, comme ils le faisaient habituellement.

Fin de non-recevoir, les Valois ont refusé de vendre leurs récoltes aux Troglois, même au prix le plus cher : « Vous avez refusé de nous aider l'an dernier, et tous nos voisins ont péri par votre faute, pour la peine, nous refusons de vous vendre quoique ce soit ».

Les Troglois périrent affamés. Au fil du temps, aucun villageois ne survécut.

Aucun ne survécut à l'exception de deux familles, celles de Troglück et de Valuck.

En effet, Troglück et Valuck ne supportant plus toutes les médisances, les railleries et les moqueries des autres villageois, avaient décidé de s'installer un peu à l'écart du village.

Troglück avait emmené toutes les provisions qu'il avait stockées dans sa grotte et Valuck avait emporté tous ses outils qu'il entretenait avec grand soin. C'est bien simple, Valuck entretenait si bien ses outils qu'on aurait dit qu'ils étaient neufs. Il emporta sa charrue, sa faux, sa faucille et ses outils pour battre le grain. Il emmena aussi son âne qu'il s'était refusé de vendre tant il lui avait rendu de services depuis des lustres. Troglück et Valuck avaient quitté le village avec femme et enfants. Ils s'étaient réinstallés en s'aidant à construire leur maison respective. Ils avaient creusé ensemble dans la roche pour se constituer un nouveau garde-manger qui était commun aux deux familles. Troglück et Valuck s'entraidaient pour le travail des champs. Ils labouraient et moissonnaient ensemble. La femme de Troglück adorait la philosophie, Socrate et compagnie, elle l'enseignait à ses enfants et à ceux de Valuck. La femme de Valuck, quant à elle, sa passion, c'était les mathématiques et la géométrie. Elle les enseignait à ses enfants et à ceux de Troglück.

Ah qu'il faisait bon vivre au pays de Troglück et de Valuck.

Les enfants de Troglück et de Valuck eurent des enfants qui eurent d'autres enfants qui eurent d'autres enfants tant est si bien qu'on dut se réinstaller sur les anciennes terres du village des troglodytes. Ces terres étaient très fertiles, forcément, elles étaient en jachère depuis des années. Le nouveau village des troglodytes était devenu une ville tant il y avait d'habitants. Troglück et Valuck comprirent qu'il fallait désigner une personne pour coordonner toutes les activités de la ville des Troglodytes : coordonner le travail des champs, l'éducation des enfants, gérer les stocks de provisions, ramasser les déchets...

À la fonction de coordinateur de la ville, ils donnèrent le nom de maire. Troglück et Valuck furent maire chacun leur tour. Puis la fonction de maire fut transmise de père en fils.

Cependant, il se dit que dans un avenir proche, la fonction de maire sera transmise de père en fille et dans un avenir un peu moins proche, elle devrait être transmise de mère en fille.

Mais s'il vous plaît, gardez le secret, car c'est une confidence que je tiens de Troglück et de Valuck.

Lettres persanes de Montesquieu (1721)
Lettres XI à XIV

LETTRE XI.

USBEK À MIRZA.
À Ispahan.

Tᴜ renonces à ta raison pour essayer la mienne ; tu descends jusqu'à me consulter ; tu me crois capable de t'instruire. Mon cher Mirza, il y a une chose qui me flatte encore plus que la bonne opinion que tu as conçue de moi : c'est ton amitié, qui me la procure. Pour remplir ce que tu me prescris, je n'ai pas cru devoir employer des raisonnements fort abstraits. Il y a certaines vérités qu'il ne suffit pas de persuader, mais qu'il faut encore faire sentir : telles sont les vérités de morale. Peut-être que ce morceau d'histoire te touchera plus qu'une philosophie subtile.

Il y avoit en Arabie un petit peuple, appelé Troglodyte, qui descendoit de ces anciens Troglodytes qui, si nous en croyons les historiens, ressembloient plus à des bêtes qu'à des hommes. Ceux-ci n'étoient point si contrefaits, ils n'étoient point velus comme des ours, ils ne siffloient point, ils avoient des yeux ; mais ils étoient si méchants et si féroces, qu'il n'y avoit parmi eux aucun principe d'équité ni de justice. Ils avoient un roi d'une origine étrangère, qui, voulant corriger la méchanceté de leur naturel, les traitoit sévèrement ; mais ils conjurèrent contre lui, le tuèrent, et exterminèrent toute la famille royale. Le coup étant fait, ils s'assemblèrent pour choisir un gouvernement ; et, après bien des dissensions, ils créèrent des magistrats. Mais à peine les eurent-ils élus, qu'ils leur devinrent insupportables ; et ils les massacrèrent encore. Ce peuple, libre de ce nouveau joug, ne consulta plus que son naturel sauvage. Tous les particuliers convinrent qu'ils n'obéiroient plus à personne ; que chacun veilleroit uniquement à ses intérêts, sans consulter ceux des autres. Cette résolution unanime flattoit extrêmement tous les particuliers. Ils disoient : Qu'ai-je affaire d'aller me tuer à travailler pour des gens dont je ne me soucie point ? Je penserai uniquement à moi. Je vivrai heureux : que m'importe que les autres le soient ? Je me procurerai tous mes besoins ; et, pourvu que je les aie, je ne me soucie point que tous les autres Troglodytes soient misérables. On étoit dans le mois où l'on ensemence les terres ; chacun dit : Je ne labourerai mon champ que pour qu'il me fournisse le blé qu'il me faut pour me nourrir ; une plus grande quantité me seroit inutile : je ne prendrai point de la peine pour rien. Les terres de ce petit royaume n'étoient pas de même nature : il y en avoit d'arides et de montagneuses, et d'autres qui, dans un terrain bas, étoient arrosées de plusieurs ruisseaux. Cette année, la sécheresse fut très-grande ; de manière que les terres qui étoient dans les lieux élevés manquèrent absolument, tandis que celles qui purent être arrosées furent très-fertiles : ainsi les peuples des montagnes périrent presque tous de faim par la dureté des autres, qui leur refusèrent de partager la récolte. L'année d'ensuite fut très-pluvieuse : les lieux élevés se trouvèrent d'une fertilité extraordinaire, et les terres basses furent submergées. La moitié du peuple cria une seconde fois famine ; mais ces misérables trouvèrent des gens aussi durs qu'ils l'avoient été eux-mêmes.

Un des principaux habitants avoit une femme fort belle ; son voisin en devint amoureux, et l'enleva : il s'émut une grande querelle ; et, après bien des injures et des coups, ils convinrent de s'en remettre à la décision d'un Troglodyte qui, pendant que la république subsistoit, avoit eu quelque crédit. Ils allèrent à lui, et voulurent lui dire leurs raisons. Que m'importe, dit cet homme, que cette femme soit à vous, ou à vous ? J'ai mon champ à labourer ; je n'irai peut-être pas employer mon temps à terminer vos différends et à travailler à vos affaires, tandis que je négligerai les miennes ; je vous prie de me laisser en repos, et de ne m'importuner plus de vos querelles. Là-dessus il les quitta, et s'en alla travailler sa terre. Le ravisseur, qui étoit le plus fort, jura qu'il mourroit plutôt que de rendre cette femme ; et l'autre, pénétré de l'injustice de son voisin et de la dureté du juge, s'en retournoit désespéré, lorsqu'il trouva dans son chemin une femme jeune et belle, qui revenoit de la fontaine. Il n'avoit plus de femme, celle-là lui plut ; et elle lui plut bien davantage lorsqu'il apprit que c'étoit la femme de celui qu'il avoit voulu prendre pour juge, et qui avoit été si peu sensible à son malheur : il l'enleva, et l'emmena dans sa maison.

Il y avoit un homme qui possédoit un champ assez fertile, qu'il cultivoit avec grand soin : deux de ses voisins s'unirent ensemble, le chassèrent de sa maison, occupèrent son champ ; ils firent entre eux une union pour se défendre contre tous ceux qui voudroient l'usurper ; et effectivement ils se soutinrent par là pendant plusieurs mois ; mais un des deux, ennuyé de partager ce qu'il pouvoit avoir tout seul, tua l'autre, et devint seul maître du champ. Son empire ne fut pas long : deux autres Troglodytes vinrent l'attaquer ; il se trouva trop foible pour se défendre, et il fut massacré.

Un Troglodyte presque tout nu vit de la laine qui étoit à vendre : il en demanda le prix ; le marchand dit en lui-même : Naturellement je ne devrois espérer de ma laine qu'autant d'argent qu'il en faut pour acheter deux mesures de blé ; mais je la vais vendre quatre fois davantage, afin d'avoir huit mesures. Il fallut en passer par là, et payer le prix demandé. Je suis bien aise, dit le marchand : j'aurai du blé à présent. Que dites-vous ? reprit l'étranger ; vous avez besoin de blé ? J'en ai à vendre : il n'y a que le prix qui vous étonnera peut-être ; car vous saurez que le blé est extrêmement cher, et que la famine règne presque partout : mais rendez-moi mon argent, et je vous donnerai une mesure de blé ; car je ne veux pas m'en défaire autrement, dussiez-vous crever de faim.

Cependant une maladie cruelle ravageoit la contrée. Un médecin habile y arriva du pays voisin, et donna ses remèdes si à propos, qu'il guérit tous ceux qui se mirent dans ses mains. Quand la maladie eut cessé, il alla chez tous ceux qu'il avoit traités demander son salaire ; mais il ne trouva que des refus : il retourna dans son pays, et il y arriva accablé des fatigues d'un si long voyage. Mais bientôt après il apprit que la même maladie se faisoit sentir de nouveau, et affligeoit plus que jamais cette terre ingrate. Ils allèrent à lui cette fois, et n'attendirent pas qu'il vînt chez eux. Allez, leur dit-il, hommes injustes, vous avez dans l'âme un poison plus mortel que celui dont vous voulez guérir ; vous ne méritez pas d'occuper une place sur la terre, parce que vous n'avez point d'humanité, et que les règles de l'équité vous sont inconnues : je croirois offenser les dieux, qui vous punissent, si je m'opposois à la justice de leur colère.

À Erzeron, le 3 de la lune de Gemmadi 2, 1711.

LETTRE XII.

USBEK AU MEME.
A Ispahan.

Tu as vu, mon cher Mirza, comment les Troglodytes périrent par leur méchanceté même, et furent les victimes de leurs propres injustices. De tant de familles, il n'en resta que deux qui échappèrent aux malheurs de la nation. Il y avait dans ce pays deux hommes bien singuliers : ils avaient de l'humanité ; ils connaissaient la justice ; ils aimaient la vertu ; autant liés par la droiture de leur cœur que par la corruption de celui des autres, ils voyaient la désolation générale, et ne la ressentaient que par la pitié : c'était le motif d'une union nouvelle. Ils travaillaient avec une sollicitude commune pour l'intérêt commun ; ils n'avaient de différends que ceux qu'une douce et tendre amitié faisait naître ; et dans l'endroit du pays le plus écarté, séparés de leurs compatriotes indignes de leur présence, ils menaient une vie heureuse et tranquille : la terre semblait produire d'elle-même, cultivée par ces vertueuses mains. Ils aimaient leurs femmes, et ils en étaient tendrement chéris. Toute leur attention était d'élever leurs enfants à la vertu. Ils leur représentaient sans cesse les malheurs de leurs compatriotes, et leur mettaient devant les yeux cet exemple si touchant ; ils leur faisaient surtout sentir que l'intérêt des particuliers se trouve toujours dans l'intérêt commun ; que vouloir s'en séparer, c'est vouloir se perdre ; que la vertu n'est point une chose qui doive nous coûter ; qu'il ne faut point la regarder comme un exercice pénible ; et que la justice pour autrui est une charité pour nous. Ils eurent bientôt la consolation des pères vertueux, qui est d'avoir des enfants qui leur ressemblent. Le jeune peuple qui s'éleva sous leurs yeux s'accrut par d'heureux mariages : le nombre augmenta, l'union fut toujours la même ; et la vertu, bien loin de s'affaiblir dans la multitude, fut fortifiée, au contraire, par un plus grand nombre d'exemples. Qui pourrait représenter ici le bonheur de ces Troglodytes ? Un peuple si juste devait être chéri des dieux. Dès qu'il ouvrit les yeux pour les connaître, il apprit à les craindre ; et la religion vint adoucir dans les mœurs ce que la nature y avait laissé de trop rude. Ils instituèrent des fêtes en l'honneur des dieux. Les jeunes filles, ornées de fleurs, et les jeunes garçons, les célébraient par leurs danses, et par les accords d'une musique champêtre ; on faisait ensuite des festins, où la joie ne régnait pas moins que la frugalité. C'était dans ces assemblées que parlait la nature naïve, c'est là qu'on apprenait à donner le cœur et à le recevoir ; c'est là que la pudeur virginale faisait en rougissant un aveu surpris, mais bientôt confirmé par le consentement des pères ; et c'est là que les tendres mères se plaisaient à prévoir par avance une union douce et fidèle. On allait au temple pour demander les faveurs des dieux : ce n'était pas les richesses et une onéreuse abondance ; de pareils souhaits étaient indignes des heureux Troglodytes ; ils ne savaient les désirer que pour leurs compatriotes. Ils n'étaient au pied des autels que pour demander la santé de leurs pères, l'union de leurs frères, la tendresse de leurs femmes, l'amour et l'obéissance de leurs enfants. Les filles y venaient apporter le tendre sacrifice de leur cœur, et ne leur demandaient d'autre grâce que celle de pouvoir rendre un Troglodyte heureux.

Le soir, lorsque les troupeaux quittaient les prairies, et que les bœufs fatigués avaient ramené la charrue, ils s'assemblaient ; et, dans un repas frugal, ils chantaient les injustices des premiers Troglodytes et leurs malheurs, la vertu renaissante avec un nouveau peuple, et sa félicité : ils chantaient ensuite les grandeurs des dieux, leurs faveurs toujours présentes aux hommes qui les implorent, et leur colère inévitable à ceux qui ne les craignent pas; ils décrivaient ensuite les délices de la vie champêtre, et le bonheur d'une condition toujours parée de l'innocence. Bientôt ils s'abandonnaient à un sommeil que les soins et les chagrins n'interrompaient jamais. La nature ne fournissait pas moins à leurs désirs qu'à leurs besoins. Dans ce pays heureux, la cupidité était étrangère : ils se faisaient des présents, où celui qui donnait croyait toujours avoir l'avantage. Le peuple troglodyte se regardait comme une seule famille ; les troupeaux étaient presque toujours confondus ; la seule peine qu'on s'épargnait ordinairement, c'était de les partager.

D'Erzeron, le 6 de la lune de Gemmadi 2, 1711.

LETTRE XIII.

USBEK AU MÊME.

Je ne saurois assez te parler de la vertu des Troglodytes. Un d'eux disoit un jour : Mon père doit demain labourer son champ ; je me lèverai deux heures avant lui, et quand il ira à son champ, il le trouvera tout labouré. Un autre disoit en lui-même : Il me semble que ma sœur a du goût pour un jeune Troglodyte de nos parents ; il faut que je parle à mon père, et que je le détermine à faire ce mariage. On vint dire à un autre que des voleurs avoient enlevé son troupeau : J'en suis bien fâché, dit-il ; car il y avoit une génisse toute blanche que je voulois offrir aux dieux. On entendait dire à un autre : Il faut que j'aille au temple remercier les dieux ; car mon frère, que mon père aime tant et que je chéris si fort, a recouvré la santé. Ou bien : Il y a un champ qui touche celui de mon père, et ceux qui le cultivent sont tous les jours exposés aux ardeurs du soleil ; il faut que j'aille y planter deux arbres, afin que ces pauvres gens puissent aller quelquefois se reposer sous leur ombre. Un jour que plusieurs Troglodytes étoient assemblés, un vieillard parla d'un jeune homme qu'il soupçonnoit d'avoir commis une mauvaise action, et lui en fit des reproches. Nous ne croyons pas qu'il ait commis ce crime, dirent les jeunes Troglodytes, mais, s'il l'a fait, puisse-t-il mourir le dernier de sa famille ! On vint dire à un Troglodyte que des étrangers avoient pillé sa maison, et avoient tout emporté. S'ils n'étoient pas injustes, répondit-il, je souhaiterois que les dieux leur en donnassent un plus long usage qu'à moi. Tant de prospérités ne furent pas regardées sans envie : les peuples voisins s'assemblèrent ; et, sous un vain prétexte, ils résolurent d'enlever leurs troupeaux. Dès que cette résolution fut connue, les Troglodytes envoyèrent au-devant d'eux des ambassadeurs, qui leur parlèrent ainsi :

« Que vous ont fait les Troglodytes ? Ont-ils enlevé vos femmes, dérobé vos bestiaux, ravagé vos campagnes ? Non : nous sommes justes, et nous craignons les dieux. Que voulez-vous donc de nous ? Voulez-vous de la laine pour vous faire des habits ? voulez-vous du lait de nos troupeaux, ou des fruits de nos terres ? Posez bas les armes ; venez au milieu de nous, et nous vous donnerons de tout cela. Mais nous jurons, par ce qu'il y a de plus sacré, que, si vous entrez dans nos terres comme ennemis, nous vous regarderons comme un peuple injuste, et que nous vous traiterons comme des bêtes farouches. »

Ces paroles furent renvoyées avec mépris ; ces peuples sauvages entrèrent armés dans la terre des Troglodytes, qu'ils ne croyoient défendus que par leur innocence. Mais ils étoient bien disposés à la défense. Ils avoient mis leurs femmes et leurs enfants au milieu d'eux. Ils furent étonnés de l'injustice de leurs ennemis, et non pas de leur nombre. Une ardeur nouvelle s'étoit emparée de leur cœur : l'un vouloit mourir pour son père, un autre pour sa femme et ses enfants, celui-ci pour ses frères, celui-là pour ses amis, tous pour le peuple troglodyte ; la place de celui qui expiroit étoit d'abord prise par un autre, qui, outre la cause commune, avoit encore une mort particulière à venger. Tel fut le combat de l'injustice et de la vertu. Ces peuples lâches, qui ne cherchoient que le butin, n'eurent pas honte de fuir ; et ils cédèrent à la vertu des Troglodytes, même sans en être touchés.

D'Erzeron, le 9 de la lune de Gemmadi 2, 1711.

LETTRE XIV.

USBEK AU MÊME.

COMME le peuple grossissoit tous les jours, les Troglodytes crurent qu'il étoit à propos de se choisir un roi : ils convinrent qu'il falloit déférer la couronne à celui qui étoit le plus juste ; et ils jetèrent tous les yeux sur un vieillard vénérable par son âge et par une longue vertu. Il n'avoit pas voulu se trouver à cette assemblée ; il s'étoit retiré dans sa maison, le cœur serré de tristesse.

Lorsqu'on lui envoya des députés pour lui apprendre le choix qu'on avoit fait de lui : À Dieu ne plaise, dit-il, que je fasse ce tort aux Troglodytes, que l'on puisse croire qu'il n'y a personne parmi eux de plus juste que moi ! Vous me déférez la couronne, et, si vous le voulez absolument, il faudra bien que je la prenne ; mais comptez que je mourrai de douleur d'avoir vu en naissant les Troglodytes libres, et de les voir aujourd'hui assujettis. À ces mots, il se mit à répandre un torrent de larmes. Malheureux jour ! disoit-il ; et pourquoi ai-je tant vécu ? Puis il s'écria d'une voix sévère : Je vois bien ce que c'est, ô Troglodytes ! votre vertu commence à vous peser. Dans l'état où vous êtes, n'ayant point de chef, il faut que vous soyez vertueux, malgré vous ; sans cela vous ne sauriez subsister, et vous tomberiez dans le malheur de vos premiers pères. Mais ce joug vous paroît trop dur : vous aimez mieux être soumis à un prince, et obéir à ses lois, moins rigides que vos mœurs. Vous savez que pour lors vous pourrez contenter votre ambition, acquérir des richesses, et languir dans une lâche volupté ; et que, pourvu que vous évitiez de tomber dans les grands crimes, vous n'aurez pas besoin de la vertu. Il s'arrêta un moment, et ses larmes coulèrent plus que jamais. Et que prétendez-vous que je fasse ? Comment se peut-il que je commande quelque chose à un Troglodyte ? Voulez-vous qu'il fasse une action vertueuse parce que je la lui commande, lui qui la feroit tout de même sans moi, et par le seul penchant de la nature ? Ô Troglodytes ! je suis à la fin de mes jours, mon sang est glacé dans mes veines, je vais bientôt revoir vos sacrés aïeux : pourquoi voulez-vous que je les afflige, et que je sois obligé de leur dire que je vous ai laissés sous un autre joug que celui de la vertu ?

D'Erzeron, le 10 de la lune de Gemmadi 2, 1711.

Histoire des grottes Loubière de Chateau-Gombert à Marseille.

« La grotte se trouve à 2 km du village de Château-Gombert à une altitude de 269 mètres. Elle a été découverte, par hasard en 1826 par J. Simonet. Son nom et la date de sa découverte sont inscrits sur une concrétion de la Baume Loubière, "le Boudha".

Elle fut le premier site préhistorique identifié sur le territoire marseillais. En 1886, le professeur E. Fournier, doyen de la Faculté de Besançon et C. Rivière y découvrent des couteaux, des racloirs, des éclats de silex et de nombreux tessons de poterie.

En 1986, des archéologues y trouvèrent le squelette d'un Homo Sapiens. Des noms sont attribués aux différentes salles de la grotte Loubière : « Salle des tombeaux », « Salle des Supplices », « Salle de l'Enfer », « la cascade pétrifiée ».

On dit que des druides qui cueillaient le gui sur un massif de l'Etoile en avaient fait leur sanctuaire, que des messes noires s'y déroulaient au XVIIe siècle. La rumeur disait que les souterrains de la grotte permettaient de rejoindre Aix.

En 1896, un berger y découvrit le corps d'une adolescente du village. En 1898, la grotte devenue trop dangereuse fut murée. En 1915, un vieux berger avouera son crime en confession avant de mourir.

En 1930, la Société Foncière Phocéenne Durrieux Griffoni & Pellerin fait entreprendre des travaux dans les grottes Loubière pour pouvoir les rentabiliser. Les recherches et les fouilles furent compromises.

Dans les déblais, monsieur Degerrin-Ricard recueille en 1931 quelques vestiges archéologiques : une hachette triangulaire en roche blanchâtre, des éclats de silex, tessons, céramiques de l'âge de 'bronze et de fer et aussi de la poterie romaine du 2ème siècle avant Jésus-Christ. A sa suite, monsieur Georges Daumas, archéologue, continua les fouilles dans les déblais hors de la grotte. Il a pu reconstituer des ustensiles ménagers, bols assiettes, vases, marmites, petites jarres décorées d'incisions et de pointillés, du silex, des coquilles percées pour la confection des colliers. Ces vestiges sont exposés au Muséum de Longchamp.

En 1936, M. Dujardin-Weqer, membre de la Société de Géographie et de Spéléologie fit la découverte d'un squelette préhistorique "Homo-sapiens" extrêmement primitif.

En 1948, l'archéologue G. Daumas déclare que la Baume Loubière est la plus importante station préhistorique de Marseille et de ses environs. Elle a servi de refuge à une population de l'âge de la Pierre Polie, utilisée parfois comme un magasin de réserves. Elle a pu être un véritable atelier de poteries et un lieu de vie. Avec des provisions de viande séchée et l'eau à disposition, ces hommes pouvaient vivre là des mois entiers, pendant la période des grandes glaciations.

Le cinéma fut tenté par les décors extraordinaires de. En 1954, la Grotte Loubière a été le décor du film « Peau d'Ours » de Grimm. En 1966, le cinéma italien y réalisa une œuvre dramatique.

L'écrivain Raymond Jean publia *"Fontaine Obscure"*. Dans la grotte se seraient déroulées d'effroyables scènes sabbatiques, bacchanales et autres débauches sataniques.

Après avoir été transformées en discothèque, la fermeture des grottes a été décidée par la Ville de Marseille en mars 1989. »

Témoignage de Patrick RENSIN, fils de Georges-Henri RENSIN, avant dernier guide des Grottes Loubière :

« *Les plus grands moments de mon enfance, se sont toutes mes vacances scolaires que je passais auprès de mon père aux Grottes Loubière où il était guide.*

Je connaissais chaque parcelle et recoins de cette grotte. Après les explications de mon père, les Stalagmites et les stalactites n'avaient plus de secret pour moi. La descente des grands escaliers métalliques pour atteindre la première salle de la grotte ou commençait la visite guidée faite par mon père. Il y avait des formes qui pouvaient représenter des personnages et des objets comme : le berger, le moine pénitent, la vierge et l'enfant, le jambon de Parme, la chaise du diable, les orgues, la salle des tombeaux et il y avait même une source d'eau pure connue seulement de mon père. »

Grottes Loubière : pourquoi pas les visiter aujourd'hui ?

En ce jour de septembre 1896, Dominici, berger de son état, que les habitants de Château-Gombert surnommaient "L'Ermite", se faisait bien du souci pour son chien. Le jour tombait, les moutons étaient déjà parqués, et "Nans" ne revenait toujours pas. C'est alors qu'il entendit une plainte qui montait de « l'Aven de la Baume Loubière ». C'était lui. Il n'eut aucun mal à se glisser par l'ouverture de la grotte peu escarpée à cet endroit. L'animal, simplement étourdi, lui fait fête.

Mais une forme dans la pénombre de la caverne attira le berger. Il s'approcha et, horrifié, s'aperçut qu'il s'agissait du corps d'une adolescente. Affolé, il en oublia "Nans" et remonta précipitamment pour prévenir les gens du village. Les Grottes Loubière venaient d'acquérir une macabre célébrité.

L'affaire Antonia Descours (c'était le nom de la gamine) sans précédent pour l'époque, fut sur toutes les lèvres et relança un intérêt morbide des Marseillais pour ces galeries naturelles qui couraient sous la colline Loubière.

Cela en fut malheureusement la seule suite car le crime resta un mystère. Il ne fut éclairci que par l'aveu de l'oncle d'Antonia qui, sur son lit de mort, à l'Hôtel-Dieu, reconnut l'assassinat.

UN RELEVE POURTANT ANCIEN

Après sa découverte en 1826, par un « spéléo de fortune » on avait en effet oublié ces « Baumes » situées au nord-est de la ville. Pourtant, elles avaient été inventoriées par la suite par deux spéléologues officiels : MM. Fournier et Rivière, de la docte Société Anthropologique de Paris. Ils en laissèrent le relevé suivant : « ensemble de galeries et de salles de superficie... Remarquable intérêt géologique... Présence d'ossements, notamment de loups (d'où le nom de Loubière)... mise au jour de trois sépultures datant de l'âge du bronze ».

Les trois caveaux, actuellement exposés au Musée Borély, permirent de baptiser la première salle : salle des tombeaux. Les quatre autres furent dénommées salle des Fouilles, salle des Supplices, salle de l'Enfer, salle du Gouffre.

Ce que MM. Fournier et Rivière avaient — volontairement — négligé, c'était la légende qui, à Château-Gombert, disait que des Grottes-Loubière partaient des souterrains qui rejoignaient Aix, ce qui pouvait expliquer la disparition mystérieuse de bandits réfugiés environnant « Châto » et qui n'en ressortaient jamais. Mais les collines sont si vastes !

Tant pis, légende pour légende, autant ne pas décevoir, je choisis Aix... Cependant avec leur grande accessibilité, la variété de leurs roches et leurs vestiges, les grottes semblaient pouvoir séduire même les très rationnels spécialistes.

UN LONG DESINTERET

Eh bien non !, les Grottes-Loubière ne retentissaient que du cri des chauves-souris ; les savants chauves les délaissaient en souriant et le grand public d'autant plus. Etait-ce l'odeur de mort qui planait toujours autour d'elles ? Etait-ce la crainte immémoriale des sabbats qui s'y déroulaient au XVIIème siècle, et qu'évoque Raymond Jean dans son livre « La Fontaine obscure ». Craignait-on le fantôme d'Antonia ? Ou était-ce simplement que les anthropologues parisiens méprisaient un site géologique dont Marseille aurait pu se glorifier ?

Toujours est-il qu'elles durent attendre 1920 pour une première tentative d'exploitation et ce n'est qu'en 1968 que les maîtres actuels des lieux s'installèrent pour faire sortir les grottes de leur pénombre.

LES ARCHITECTES DES GROTTES

Joseph Baldaccini, qui n'est autre que le frère du célèbre sculpteur marseillais Cézar, a consacré toute sa part de talent familial à l'aménagement de ces Grottes. Si son frère excelle en compression lui est passé maître dans la mise en valeur des... dépressions. C'es une véritable réhabilitation de la « Baume Loubière » (route d'accès installations électriques, sol intérieur) que M. Baldaccini et son fil René ont réalisée. Ce dernier, qui nous a guidé lors de notre visite, nous le rappelait : « Tout de même, cela ne mériterait-il pa une aide » ?

« LA BOUCHE NOIRE » NOUS A HAPPE

Tout d'abord, le lieu surprend par son extrême fraîcheur : dan les salles basses le thermomètre vous délecte de ses 14 degrés. Un nom vient à l'esprit, contraste. Contraste entre le paysage brûlé d soleil des collines et ces cavernes humides et sombres. Contrast entre la ville que l'on vient de quitter et ce lieu d'un autre âge, d'u autre rythme, qui n'en est pourtant qu'à un quart d'heure. Contrast entre les différentes galeries et salles : champs d'effondrement e guirlandes de stalactites se succèdent à quelques mètres de dis tance. Et pour les amateurs (dont je ne suis pas...) on trouve six sept types de roches différentes dont des traces de charbon (Gardanne est proche). Et puis, au-delà du fabuleux spectacle qu'offre l roche bâtie par l'eau, il y a ce mystérieux attrait que l'on ressent pou les lieux cachés, clos, souterrains. Les sculptures naturelles, telle que « La Fée Carabosse », « Le moine pénitent », « Le Diabl

Les grottes Loubière

près Château-Gombert à Marseille

La Grotte Loubière est située à 2 km. et au N. O. de Château-Gombert. Entièrement creusée dans l'Urgonien, elle s'ouvre au Midi et à une altitude de 269 m. On y pénètre par l'abri a sa droite avec lequel elle communiquait jadis et que l'on a élargi après avoir définitivement condamné l'ancienne entrée naturelle trop incommode pour les visiteurs. La grotte a plus de 300 m. de profondeur, mais il est tout à fait dénué de fondement de croire en la fameuse légende locale qui prétend que ses ramifications s'étendent jusque sous la ville d'Aix.

L'historien Meynier écrit, sur de vagues données, que la grotte servait de sanctuaire aux druides qui y venaient accomplir leurs mystérieuses cérémonies. Il prétend qu'ils allaient cueillir le gui sacré dans les collines de l'Etoile qui, paraît-il, étaient alors recouvertes de chênes.

Le nom de Loubière ne peut en rien nous expliquer ses origines. Il est possible que la grotte tire son nom de « loube » ou « loubet » qui signifie en vieux provençal ruisseau ou torrent ou bien de loup, à cause de la quantité de ces fauves que l'on devait rencontrer autrefois dans ces endroits boisés. Selon d'anciens actes de vente, le véritable nom serait même « nouguière », terrain planté de noyers.

On trouvera la description de la grotte et de ses nombreuses et belles salles ornées de stalactites et de stalagmites dans l'ouvrage de Gavel et dans celui de M. Fournier sur les cavernes des environs de Marseille.

Je ne parlerai ici que de la question préhistorique.

l'homme préhistorique se fabriquait des colliers avec des coquilles, avec des pierres percées ou même avec des dents d'animaux et plus particulièrement des canines de fauves.

La Grotte Loubière est l'une des plus importantes stations préhistoriques des environs de Marseille. Les traces qui y ont laissées ses primitifs habitants du Néolithique nous en donnent une preuve suffisante.

Cependant si la céramique est ici plus abondante que partout ailleurs dans la périphérie de Marseille, elle est en même temps grossière et des plus rudimentaires, quoiqu'appartenant, semble-t-il, à la fin du Néolithique ou même à l'Enéolithique (âge du cuivre) et premier âge du bronze, son ornementation reste des plus simples parmi celles que l'on rencontre à cette époque.

Un fait à retenir est encore l'extrème rareté du silex. Tandis qu'il abonde à la Baume-Sourne, par exemple, ici, c'est tout au plus si, depuis une quarantaine d'années, on a pu en recueillir une vingtaine d'exemplaires dont plus de la moitié ne comprend que de simples éclats à peine retouchés, ou même pas retouchés du tout.

Il est juste de dire que la Grotte Loubière, à part l'abri qui la précède est presqu'inhabitable, et il est à présumer que ses occupants de la pierre polie ne séjournaient pas dans ses bas fonds humides et boueux, battus de courants d'air. Ils ne devaient s'en servir que comme magasins ou réserves, et c'est ce que sembleraient prouver, — en cette partie vidée de la grotte, qui d'ailleurs a dû toujours être

servait de repaire. Dans le cas où la Grotte Loubière fut un ossuaire néolithique, il semblerait que les ossements fussent plus nombreux, à moins que, selon une coutume pratiquée à cette époque, venant habiter cette caverne de l'Etoile, les préhistoriques n'aient, dans leurs pérégrinations, apporté là les rares restes de leurs êtres aimés, avec lesquels ils voulaient vivre dans leur nouvel habitat.

Quoiqu'il en soit, cette grotte, de beaucoup la plus vaste et la plus belle des environs de Marseille, a servi de refuge, ou temporairement d'habitat à une population de la Pierre Polie, et nous a conservé assez de documents pour nous permettre de très intéressantes constatations sur ces populations à l'aurore des métaux en Basse Provences, et nous prouve une fois de plus que dans nos régions, il ne faut pas faire une démarcation trop nette entre la fin du Néolithique, l'Enéolithique et le 1er Age du Bronze, époques qui, chez nous, sont à peu près synchroniques.

Georges DAUMAS.

Communiqué à l'I. H. P. le jeudi 17 décembre 1931.

◆◆◆

En Ardèche

Le Vivarais, pays de montagnes, fut, jusqu'à ces derniers temps, peu favorisé, et en partie négligé par les touristes. Ce n'est pas parce que les curiosités naturelles y sont moins nombreuses que dans toute autre région accidentée, mais parce que les moyens de communications n'y étaient pas assez développés. Jusqu'ici pour accéder à certaines villes il fallait faire de nombreux détours et emprunter de multiples moyens de transports, ce qui n'était pas sans compliquer les voyages. Ainsi, le touriste venant de Marseille, et allant à Vals-les-Bains, était obligé de quitter la grande ligne P.-L.-M. à Montélimar, de se faire transporter au feu, sur la rive droite du Rhône ; de prendre à cette gare un train omnibus qu'il lui fallait quitter à Vogüe pour un autre convoi aussi lent qui le menait enfin à Vals-les-Bains, dont l'agglomération est d'ailleurs à deux kilomètres de la gare. On conçoit que devant de telles complications, beaucoup de personnes préféraient passer leurs vacances dans des régions d'accès plus facile.

Maintenant, grâce à la mise en service de nombreux autocars confortables, la visite du département de l'Ardèche peut s'effectuer sans peine et dans un temps relativement court. Si le tourisme n'a pas porté ses fruits dans cette région,

BAUME LOUBIERE

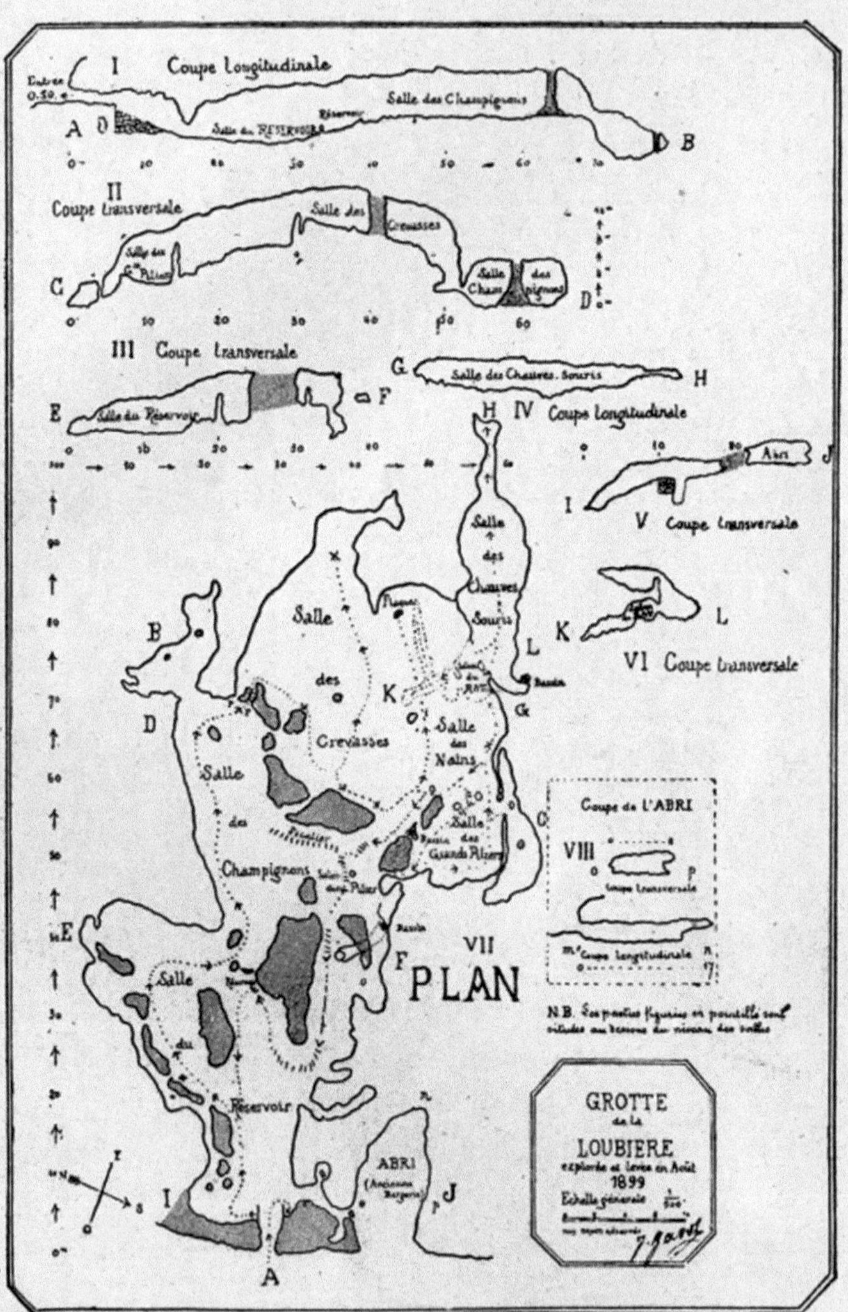

Jules. GAVET struxit et delineavit.

MARSEILLE *Les Grottes Loubière* Les Orgues

MARSEILLE *Les Grottes Loubière* Passage du Balcon

D'où viennent les prénoms TroGlück et ValLuck ?

En allemand :

Die Glück (nf.) = la chance

Das Glück (nm.) = le bonheur

Glück (adj.) = heureux

En anglais :

The luck = la chance

TroGlück est troglodyte (personne qui habite une grotte ou une demeure creusée dans la roche). Il est heureux et chanceux avec sa famille.

ValLuck habite dans la vallée. Il est également heureux et chanceux avec sa famille.

<u>REMERCIEMENTS:</u>

À NaïLys pour ses précieuses illustrations.
Contact : nailys.pollet@Outlook.fr ou @fromnaitolys
(Instagram).

À l'association *Au bout du conte* d'Aubagne et à ses
conteuses et conteurs de haut vol.

À Eliane Tresdoi, artiste, grande conteuse de
l'histoire des hommes.

À mes professeurs de philosophie qui m'ont transmis
leur passion : Messieurs Marcos, Kervégan, Sève…

Notes

Notes